AF232746

1849.

EXPOSITION

DES

PRODUITS DE L'INDUSTRIE

FRANÇAISE.

EXPORTATION.

PIANOS D'ÉRARD

EN

ESPAGNE,
ITALIE ET LE LEVANT,
SUISSE,
RUSSIE,
PRUSSE,
BELGIQUE,
HOLLANDE,
ANGLETERRE ET LES INDES,
AMÉRIQUE.

PARIS,
TYPOGRAPHIE DE FIRMIN DIDOT FRÈRES,
RUE JACOB, N° 56.

1849.

1849.

EXPOSITION

DES

PRODUITS DE L'INDUSTRIE

FRANÇAISE.

EXPORTATION.

PIANOS D'ÉRARD

EN

ESPAGNE,
ITALIE ET LE LEVANT,
SUISSE,
RUSSIE,
PRUSSE,
BELGIQUE,
HOLLANDE,
ANGLETERRE ET LES INDES,
AMÉRIQUE.

SEBASTIEN ERARD INVENTEUR
NÉ A... 1752 — MORT A PARIS 1831
Orgue
Harpe
Piano
Forte

EXPOSITION

DES

PRODUITS DE L'INDUSTRIE.

PIANOS D'ÉRARD.

EXPORTATION.

Dans les circonstances actuelles, où la question du travail est la question vitale de la société, on doit hautement apprécier les services rendus au commerce et à l'industrie de la France par ceux de nos fabricants qui contribuent, par la supériorité de leurs produits, à en étendre la circulation au dehors, et ont ainsi rendu l'étranger leur tributaire.

Parmi les manufactures françaises qui soutiennent avec avantage, sur les marchés extérieurs, la concurrence des fabriques étrangères, se range en première ligne la maison Érard.

La réputation des pianos d'Érard s'étend dans tout le monde musical; on les trouve partout où le goût de la musique est répandu. La supériorité de ces instruments, vrais objets d'art, repose sur les inventions de Sébastien Érard, célèbre mécanicien, dont la

place est marquée parmi les hommes de génie de
son époque ; la maison qu'il a fondée à Paris conserve
sa prééminence depuis plus de trois quarts de siècle,
grâce à la constante sollicitude de ses chefs à perfectionner leur art. Sans la supériorité du principe
de fabrication établi par cette maison, sans la perfection d'exécution d'un travail extrêmement précis,
il lui eût été impossible de lutter, sur les marchés
étrangers, avec les fabriques anglaises et allemandes,
renommées, les unes, pour de bons instruments, et
les autres pour la modicité de leurs prix.

Les fabriques qui se sont élevées depuis vingt-cinq
ans dans les principales villes de l'Europe et de l'A-
mérique, loin de nuire à la maison Érard, n'ont servi
qu'à étendre sa réputation ; car leurs produits divers
ont fourni des points de comparaison avec les siens ;
et partout où les professeurs et les amateurs de musique, les meilleurs juges dans cette question, ont
donné leur avis d'une manière impartiale, la préférence a toujours été accordée aux pianos d'Érard.
C'est un fait constant, appuyé sur des preuves irré-
fragables, et dont il sera facile de se convaincre, si
l'on veut examiner avec nous l'opinion publique mu-
sicale des diverses contrées où les instruments français s'exportent.

ESPAGNE.

Les événements politiques influent toujours, d'une manière plus ou moins fâcheuse, sur notre commerce d'exportation; et bien souvent, depuis cinquante ans, les efforts de nos manufacturiers, pour étendre nos relations au dehors, ont été contrariés par les chances de la guerre. C'est ainsi que le commerce de la maison Érard, autrefois florissant en Espagne et en Portugal, a été complétement paralysé à Madrid et à Lisbonne par l'influence anglaise, au dénoûment de la guerre de la Péninsule. Partout depuis, à de rares exceptions près, les pianos anglais avaient succédé à ceux d'Érard; et la jeune reine d'Espagne, Isabelle II, avait fait venir à grands frais, d'Angleterre, un piano pour orner son salon de Madrid; mais ayant eu, il y a deux ans, l'occasion d'entendre, sous les doigts de Thalberg, un piano perfectionné d'Érard, elle fut séduite par la beauté du son et la précision du clavier, et en fit venir un de Paris immédiatement.

Le succès de ce piano fut complet. Si la beauté des sons et la perfection du clavier du piano d'Érard avaient décidé la préférence de la reine d'Espagne, la solidité de sa construction vint la confirmer, d'une manière d'autant plus marquante, que le piano de l'ancienne construction anglaise qu'elle possédait n'avait pu résister au climat sec et péné-

trant de Madrid. Il s'était promptement détérioré, tandis
que celui de la nouvelle construction d'Érard se maintient
parfaitement. La reine, satisfaite de trouver dans ce nouveau piano toutes les qualités réunies, en voulut témoigner
sa satisfaction à MM. Érard en leur conférant le titre de ses
Facteurs ordinaires.

Cette distinction obtenue par l'invention d'Érard doit
nécessairement rejaillir, d'une manière avantageuse, sur
les fabriques françaises. Cet éclatant succès était même in-
dispensable pour relever, en Espagne, la réputation de
notre fabrication, gravement compromise, sous le rapport
de la solidité, par des accidents sérieux arrivés à des pianos fabriqués en France sur l'ancien principe anglais.

ITALIE.

Dans cette belle patrie de la musique, ce n'était pas l'influence anglaise que les fabriques françaises avaient à com-
battre; c'était celle de l'Allemagne, et les fabriques de pianos
de Vienne en exportaient annuellement en Italie pour des
sommes considérables.

Si les pianos de Vienne étaient inférieurs à ceux d'Angleterre sous le rapport de la solidité, ils se recommandaient
en Italie par leur bon marché; car les Viennois offraient
leurs pianos au commerce pour la moitié du prix auquel
les Anglais et nous livrions les nôtres. Il est vrai de dire
que ces instruments étaient construits si légèrement, qu'ils
duraient très-peu, même sous les doigts d'un amateur; et
quand ils tombaient par hasard sous la main énergique de
quelques-uns de nos grands pianistes, les marteaux et les

cordes volaient souvent en éclats avant que le concert fût fini.

Ces mésaventures cruelles pour les virtuoses qui voulaient se faire entendre en public, furent, en grande partie, la cause du succès des pianos d'Érard en Italie. Le public de Naples fut tout étonné d'entendre, un jour, le merveilleux effet d'un piano d'Érard dans la vaste salle de San-Carlo ; et son étonnement redoubla lorsqu'il vit le piano résister à la fatigue de tout un concert sans éprouver le moindre accident, ni dans le mécanisme, ni dans l'accord.

Cette réputation de supériorité de la fabrication française s'étendit bientôt dans toute l'Italie. Ses virtuoses et ses vrais amateurs voulurent posséder des pianos d'Érard. Ils comprirent bientôt qu'indépendamment de l'excellence des instruments, il y avait avantage, sous le rapport de l'économie, à faire venir des pianos de France, puisqu'ils se conservaient et duraient plus longtemps.

Aussi la maison Érard vit-elle bientôt arriver les commandes de Naples, Florence, Milan, Venise, Turin, Rome et Gênes ; d'où l'on peut conclure que la supériorité du principe des pianos Érard sur ceux de Vienne a fait pencher la balance du côté de notre commerce, et que les fabriques de France ont profité largement de ce revirement de l'opinion publique, amené, sans contredit, par la perfection des pianos d'Érard.

L'effet de cette bonne réputation s'est fait sentir même à Constantinople et dans le Levant, où les pianos introduits jusqu'alors laissaient surtout à désirer sous le rapport de la solidité. S. A. Saïd-Pacha et d'autres amateurs distingués de ces contrées viennent de s'adresser à MM. Érard, dans l'espoir de se procurer des instruments capables de résister à l'influence pernicieuse du climat du Delta.

LA SUISSE.

Cette contrée se trouvant à peu près dans les mêmes conditions que l'Italie, notre exportation fut produite et étendue de ce côté de la même manière. Les amateurs et professeurs ont payé volontiers le double du prix d'un piano allemand pour un piano d'Érard, quand ils ont voulu posséder un piano parfait.

LA RUSSIE.

Pendant longtemps la Russie faisait venir des pianos d'Angleterre et d'Allemagne; mais aujourd'hui on fabrique, sur les anciens principes, d'aussi bons instruments à Saint-Pétersbourg qu'à Londres ou à Vienne : les fabriques indigènes sont soutenues par des droits protecteurs fort élevés, indépendamment des frais de transport.

Les Russes, jaloux de protéger leurs fabriques par esprit de nationalité, ne feraient certainement pas venir des pianos de l'étranger, s'ils ne reconnaissaient dans notre fabrication une supériorité marquée : or, cette supériorité se trouve surtout dans les pianos d'Érard; car les autres ne sont que des imitations, plus ou moins heureuses, des pianos des anciens principes.

Aussi les amateurs russes ne reculent-ils devant aucune dépense pour avoir un piano d'Érard; et bien que les frais accessoires en fassent monter le prix, à leur arrivée à destination, à la somme de 4 à 5,000 francs, on en trouve chez les seigneurs russes à Pétersbourg, à Moscou, dans l'intérieur de la Russie et jusque dans le sud, où ils pénètrent par Odessa.

LA PRUSSE.

Berlin n'a jamais été aussi célèbre que Vienne pour les fabriques de pianos. Les facteurs de Vienne ont eu le mérite d'adopter les premiers le principe de construction de Stein d'Augsbourg; leurs confrères de Berlin se sont bornés à les copier avec plus ou moins de perfection.

Aujourd'hui encore à Berlin, lorsqu'un grand artiste veut se faire entendre, il fait venir son piano du dehors. C'est ordinairement à ceux d'Érard qu'on donne la préférence, et, dans les concerts de la cour, c'est un piano de cette manufacture de Paris ou de Londres qui occupe la place d'honneur.

Il s'établit, il y a quelques années, à Cologne, chef-lieu de la Prusse rhénane, une fabrique de pianos qui prit pour modèle des pianos de Paris, copiés eux-mêmes sur des pianos anglais. Cet état de choses cessa lors de l'arrivée à Cologne d'un grand pianiste qui, à la vue de ces copies anglo-françaises, s'écria, avec toute la franchise qui le caractérise : « Si vous voulez copier, copiez donc Érard! »

C'est à dater de cette époque que commencèrent les relations de la maison Érard avec cette grande ville et la Prusse rhénane. La préférence marquée du grand pianiste pour le principe d'Érard fit pencher le choix des amateurs en faveur des pianos français, qui furent naturellement préférés à leurs copies. L'invention d'Érard, moins bien comprise par les imitateurs, laissa beaucoup à désirer sous le rapport de l'exécution. La supériorité de fabrication se conserva dans la fabrique-modèle de Paris. Comment, en effet, serait-il possible d'imiter parfaitement les produits de cet ancien établissement, dont le personnel, aussi habile

qu'exercé, est constamment occupé à perfectionner un nouveau genre de travail excessivement difficile et coûteux.

On ne se borna pas en Prusse à copier les grands pianos
d'Érard ; d'autres facteurs imitèrent les pianos obliques de
cette maison, classés en première ligne par le jury de l'exposition de 1839; on alla jusqu'à mettre le nom d'Érard
sur ces copies. La maison Érard a dû chercher à répri-
mer ces fraudes; elle vient de fonder à Cologne une maison, sous la raison Heimann et Cie, pour la vente spéciale
de ses pianos, avec toute garantie de certificat d'origine.

BELGIQUE.

La Belgique, comme la Prusse, ne peut pas se flatter de
nationalité en fait de pianos. Les instruments que l'on y
fabrique sont des copies des Anglais, des Allemands et des
Français : aussi la maison Érard s'y trouve-t-elle, vis-à-vis
des contrefacteurs, à peu près dans la même situation qu'en
Prusse. Pour sauvegarder ses intérêts et ceux des amateurs,
elle a formé à Bruxelles, conjointement avec M. Rummel,
une maison où les artistes trouvent des pianos Érard pour
se faire entendre en public, et où les amateurs ont à leur
disposition un choix d'instruments *qui ne le cèdent*, sous
aucun rapport, à ceux que l'on trouve dans la maison de
Paris.

HOLLANDE.

Avant que les pianos d'Érard fussent connus dans ce pays,
les fabriques allemandes et anglaises étaient en possession
exclusive de cette branche de commerce. La supériorité du

nouveau principe des pianos d'Érard sur les autres vint changer cet ordre de choses, et ouvrir de nouveaux débouchés au commerce français dans le Nord. Il est hors de doute que, si les pianos français eussent tous été des copies des modèles anglais, on ne serait pas venu les chercher à Paris, car les sympathies et les tendances commerciales de la Hollande et de la Belgique inclinent plutôt vers l'Angleterre et l'Allemagne; mais ces sympathies ont été d'abord ébranlées par la supériorité du nouveau système d'Érard, et ensuite définitivement conquises, lorsque les amateurs et professeurs hollandais ont eu les oreilles frappées par la beauté et l'étendue du son des pianos Érard joués en public par nos grands pianistes. Les facteurs étrangers mirent tout en œuvre pour arrêter ce succès, mais leurs efforts furent impuissants. Lorsqu'il s'agit de leur réputation, les artistes choisissent toujours, pour se produire en public, l'instrument qui leur offre les avantages réunis de la beauté du son, de la précision du clavier, et de la solidité à toute épreuve du mécanisme et de l'accord; ce sont là les qualités qui distinguent au plus haut degré les pianos d'Érard.

L'ANGLETERRE.

La réputation justement méritée de la fabrication anglaise pour les pianos sert encore à faire ressortir tout le mérite de l'invention de Sébastien Érard, puisque cette invention l'a emporté, à Londres même, sur l'ancien principe de fabrication. Il faut le dire à la gloire d'un mécanicien français, pour arriver à un résultat aussi honorable, il fallait le génie et la persévérance de Sébastien Érard. Il débuta, en Angleterre, par la fabrication des harpes, instrument national dans les îles Britanniques. La carrière de cet inventeur, marquée par tant de découvertes précieuses, avait commencé à Londres, en 1794, par la harpe à simple mouvement. La harpe à double mouvement, chef-d'œuvre de mécanisme, et, comme instrument à sons fixes, le plus remarquable peut-être sous le rapport des ressources harmoniques, parut également à Londres en 1810.

Treize ans après, Sébastien Érard exposait, à Paris, le modèle de son nouveau principe de mécanisme pour le piano. C'était le résultat de ses laborieuses recherches. Ce mécanisme, fruit de sa longue expérience, est si parfait, qu'il ne laisse rien à désirer; et l'on peut appliquer au piano à double échappement, ces mots du rapport de l'Institut sur la harpe à double mouvement : « que Sébastien Érard « était du petit nombre d'hommes privilégiés qui ont com- « mencé et fini leur art. »

Que l'on compare les premiers travaux d'Érard en 1779, son clavecin mécanique conservé dans les magasins de la rue du Mail, avec le grand piano de concert fabriqué en 1849 par la même maison, et l'on sera forcé de convenir que l'éloge est aussi bien mérité pour le piano qu'il l'était pour la harpe.

La maison Érard de Londres n'a commencé la fabrication des pianos sur le nouveau principe d'Érard qu'en 1824. Après vingt-cinq ans de lutte et de persévérance, la prééminence de cette invention est irrévocablement établie sur l'ancien principe, bien que ce dernier ait été soutenu par la toute-puissance des grands fabricants anglais qui l'exploitent exclusivement depuis trois quarts de siècle.

Il n'en est pas des conquêtes des arts comme de celles de la guerre : les premières profitent à tout le monde. La fabrique de pianos du nouveau principe, établie par Érard en Angleterre, est un bienfait pour l'art musical en général. L'Angleterre, en protégeant cette fabrique, appréciait le nouveau service qu'elle rendait à l'art par la propagation d'un perfectionnement précieux dans le grand centre de l'industrie anglaise.

L'importance que l'on attache, en Angleterre, à toute invention dont le but est de faire avancer les arts manufacturiers, a été prouvée en cette circonstance d'une manière bien remarquable. Le conseil privé de la reine, après s'être fait rendre un compte détaillé des mérites de l'invention d'Érard, et de l'influence qu'elle pouvait exercer sur le commerce extérieur de la branche d'industrie à laquelle elle s'appliquait, a rendu un arrêt pour étendre la durée ordinaire du brevet de quatorze ans à vingt et un ans ; juste récompense des services que cette maison a rendus à son art, en stimulant par ses inventions et ses perfectionnements l'émulation de la concurrence.

Cette position exceptionnelle de la maison Érard à Londres a contribué, d'une manière singulièrement efficace, à avancer, en Europe, le progrès de la facture des instruments de musique.

A Londres, à Édimbourg, à Dublin et dans les autres principales villes du royaume, le concert d'un grand pianiste est-il annoncé, c'est un piano d'Érard qui préside dans l'orchestre! A l'exemple des professeurs, les vrais amateurs et connaisseurs recherchent les pianos de ce nom avec un égal empressement. Il est glorieux pour cette maison de compter à leur tête S. M. la reine Vittoria, qui a pris sous sa royale protection la fabrique anglaise d'Érard.

S. A. R. le prince Albert, en choisissant aussi pour la résidence favorite d'Osborne un piano perfectionné d'Érard, est venu confirmer la popularité des pianos de cette fabrique en Angleterre.

Nous donnons ici la vue réduite du piano du prince Albert, fabriqué par MM. Érard sur les dessins de S. A. R.

La réputation dont jouissent les pianos d'Érard dans les îles Britanniques s'étend chaque jour davantage dans les colonies anglaises et dans les possessions des Indes. Les relations établies par cette voie avec les climats des tropiques les plus contraires à la nature de cette fabrication, ont doté les ateliers d'Érard d'une expérience fructueuse des effets variés que les différents climats d'outre-mer exercent sur les instruments de musique.

Cette expérience de la fabrique de Londres vient encore contrôler et fortifier celle de la fabrique de Paris, dont l'exportation pour nos colonies et les différentes contrées de l'Amérique, telles que la Nouvelle-Orléans, Rio de Janeiro et Buenos-Ayres, etc., etc., a fourni, depuis plus de cinquante ans, de salutaires leçons pour les précautions indispensables à prendre, telles que boulonnage des sommiers, barrages, etc., etc.

Cette expérience, résultat de tant d'années de patientes observations, cette sollicitude persévérante dans la recherche du mieux, ont porté leurs fruits dans les dernières circonstances qui sont venues paralyser les relations habituelles de la société française et bouleverser l'Europe.

Les affaires, réduites subitement à moitié, l'auraient été dans une bien plus grande proportion sans les relations que cette maison a conservées à l'extérieur, et qu'elle s'efforce de maintenir et d'étendre par le perfectionnement indéfini de sa fabrication.

Les nouveaux modèles présentés à l'exposition de 1849 par cette maison en sont la preuve. Indépendamment de la belle qualité du son, de la précision exceptionnelle des claviers, basée sur le principe du mécanisme de l'invention d'Érard, la condition la plus importante pour l'exportation, celle de la solidité, a été résolue d'une manière incontestable pour les différents genres d'instruments, à queue, carrés et verticaux.

Paris. — Typographie de Firmin Didot frères, rue Jacob, 56.